Les Co

Albert-Paul Granier
Sous-lieutenant d'artillerie

Les Coqs et les Vautours

Poèmes

Préface de Claude Duneton

Éditions des Équateurs

Courriel : editionsdesequateurs@wanadoo.fr
Site Internet : www.equateurs.fr

Histoire d'un séraphin

Lorsque le hasard — d'autres diront le destin — a placé sur ma route cet enfant perdu de la guerre de 14-18, personne, en dehors d'un cercle familial minuscule, n'avait entendu parler d'Albert-Paul Granier. Du moins personne en France, car une recherche rapide m'a conduit jusqu'à un universitaire israélien, Gary D. Mole, qui a entrepris un travail sur *La Poésie française des soldats-poètes* et m'a aimablement communiqué une notice sur *Les Coqs et les Vautours.*

La chose s'est passée ainsi : le 1er mai 2008, mon ami le poète François de Cornières, de Caen, ramassa lors d'un vide-greniers à Mesquer, petite ville de Loire-Atlantique, une mince brochure défraîchie qui traînait par terre au milieu de quelques livres. Les pages n'en étaient pas coupées — quel symbole ! Ce qui attira sa curiosité, hormis le fait que le bouquin contenait des poèmes, fut la date sur la couverture gris-bleu fanée, 1917, et aussi la qualité de l'auteur :

sous-lieutenant d'artillerie. Comme nous devions nous voir trois semaines plus tard à la Fête du livre de Caen, François acheta le livre vierge pour quelques centimes dans l'intention de me l'offrir.

C'était pure plaisanterie ; car depuis la publication de mon roman documentaire *Le Monument*, je suis devenu pour mes amis et moi-même une sorte de rescapé de la Grande Guerre. Ces poèmes obscurs, ce sous-lieutenant inconnu au bataillon, ne pouvaient que m'être agréables, en compagnons errants de mon imaginaire de boucherie. Et nous savons maintenant que les voies de la Providence empruntent parfois le chemin de l'humour… C'est donc de façon aléatoire que, le dimanche 25 mai 2008, j'eus entre les mains, sur le stand des « Rencontres pour lire » — quel autre symbole ! — *Les Coqs et les Vautours*. Je remerciai François et son équipe pour ce « Prix » conçu comme une boutade, et me mis à feuilleter, au jugé, le peu qu'on pouvait lire. Le texte de la brochure, en vers libres, ne paraissait pas nul du tout, au contraire. Aussi le soir même, en revenant à Paris, j'ai coupé délicatement les pages, et j'ai lu d'un trait les poèmes qui, eux, m'ont coupé le souffle !

Je n'imaginais pas comment, en 1914, 15, 16, les dates fournies sur le recueil, quelqu'un avait pu écrire une poésie aussi « moderne », aussi libérée des règles encore prévalentes à l'époque des rythmes convenus et de la rime bien chevillée. Ces vers d'avant Prévert, d'avant Char, d'avant René Guy Cadou paraissaient tellement étonnants dans leur sincérité absolue. L'absence de tout maniérisme, de toute provocation aussi, devenait émouvante au plus haut point. Ils étaient d'une telle évidence que, sans l'aspect décati du livre, j'aurais pu concevoir un doute sur leur ancienneté réelle, et croire à une supercherie de la part de mes farceurs d'amis... Je précise pour le lecteur de la présente édition (résurrection ?) : ces poèmes ne furent pas écrits par un pasticheur dans les années 1980, ni 1990, ni 2000 — ils furent bien composés par ce mort, aussi bien mort que Ronsard ou Musset, ou n'importe quel homme du temps du déluge. Le sous-lieutenant Albert-Paul Granier était *un vrai*, un grand, un précurseur — je pensais forcément à Apollinaire sans que la comparaison le fasse pâlir. Quelle perte alors ! Mozart assassiné ! Un écrivain à venir, de premier plan, arrêté dans son envol...

C'est vrai que d'avoir passé trois années de mon existence à reconstituer la vie et la mort des garçons de mon village inscrits sur notre monument aux morts, devant l'église, m'a formé l'oreille au bruit des canons. Mon œil est entraîné, au point que je ressens les images de Granier avec la même vigueur que je recevais, enfant, les récits de mon père — ils avaient à peu près le même âge… Mais quand bien même je serais innocent, puceau de carnage, comment résister aux évocations du poète combattant ? Celle des obus — « les longs obus gloutons » qui tombent « comme un vol d'aigles sur un troupeau de moutons » ? Les ombres de *La Troupe* font peur même sans avoir assisté aux massacres ; elles figurent si bien la mort omniprésente, la mort imminente accrochée à chacun des hommes en marche :

l'ombre molle et souple se démène
à mouvements silencieux
comme des chats dans les venelles.

Le lendemain, muni des célèbres conseils de la nuit, je me suis précipité au *Figaro* pour montrer ma trouvaille aux amis du *Littéraire.* Je ne délirais pas, il s'agissait bien d'un chef-d'œuvre ? La rédaction, sensible et avisée, fut d'accord avec moi : il fallait faire quelque chose pour tirer de l'oubli sépulcral ce poète ignoré, profiter du 90e anniversaire de la Victoire pour le ramener parmi les vivants ; il était, selon l'expression terrible et dérisoire qui circula dans les journaux en 1918, un « mort vainqueur ».

Nous avons aussitôt cherché un éditeur, sensible et avisé, qui voudrait bien redonner vie au petit livre gris-bleu fatigué par un siècle de grenier… Alors la machine à remonter le temps se mit en marche : il ne restait plus qu'à remonter jusqu'à l'inconnu, cet Albert-Paul Granier disparu sans laisser de traces dans le monde littéraire. Qui était-il ? Sur quel « champ d'honneur » était-il tombé ?… Mystère.

J'imaginais que ses amis avaient publié après sa mort, hâtivement, le recueil de ses textes trouvés dans son barda d'artiflot — d'où l'arrêt des datations en 1916. Lorsque j'ai commencé mon enquête à tâtons, je pensais qu'il n'avait jamais connu lui-même la publication.

À la présence insistante de la mer dans l'œuvre

Holà ! les gars ! Holà ! les gens de mer,
la guerre est dure comme une tempête

j'étais persuadé que le lieutenant venait des bords de l'Océan. J'avais raison ; la seule source d'information disponible, la brève notice de l'*Anthologie des écrivains morts à la guerre*, compilée par Edgar Malfère en 1924-1927, donne Albert-Paul Granier né au Croisic. C'était un début — hélas ! je n'ai pas pensé tout de suite à téléphoner à la mairie du Croisic, le seul endroit de la planète apparemment où se continue une présence ténue du poète. On m'y indiqua l'existence de sa nièce, la très charmante Françoise

Granier, gardienne fidèle du flambeau du souvenir, dont l'adolescence fut marquée par ce héros. Lorsque enfin j'appelai au téléphone cette personne accueillante et dévouée, le terrain se dégagea, les brumes du mystère se dissipèrent complètement.

Albert-Paul Louis Granier est né au Croisic le 3 septembre 1888 à 6 h 30 du matin, soit dix minutes après Édouard César Charles, son jumeau, lequel mourut quatre jours plus tard... Étrange commencement. Ils étaient les premiers enfants d'Albert Granier, trente et un ans, notaire, et de Louise Mahaud son épouse, vingt-neuf ans, tous deux domiciliés au Croisic. Le père était cependant originaire du Midi, de Sénès dans les Alpes-Maritimes (alors Basses-Alpes) ; le jeune homme était devenu, par les aléas du métier, clerc de notaire à Nantes, où il avait fait connaissance, par relation, d'une jeune fille à marier comme cela se faisait en ce temps-là. Albert s'était installé notaire, créant la première étude au Croisic jusque-là dépendant des tabellions de Guérande, en face, sur les salines.

Ce père sudiste, le fait est crucial, était un véritable lettré, grand amateur d'art, de musique et de poésie. Il fréquentait Gabriel Fauré, par exemple, ami de la famille, ainsi que d'autres artistes et littérateurs. Le petit Paul fut donc élevé dans une atmosphère non pas étroitement notariale, au sens austère et poussiéreux des gardiens de minutes, mais dans un climat culturel raffiné à la mode provinciale de cette Belle Époque. Ainsi le fut son frère Armand, de cinq ans plus jeune, qui exerça la profession d'agent de change et écrivit lui aussi des vers, des rondeaux d'assez belle facture.

Le garçon grandit dans l'imposante maison que fit construire Albert Granier sur la grève, face au Traict et aux marais salants du Bourg-de-Batz, dans l'odeur forte du varech à marée basse. Il allait à l'école primaire au Croisic, puis il s'en fut au collège de Saint-Nazaire (de nos jours le lycée Clemenceau). Il obtint le baccalauréat en mai 1908 — à vingt ans — avec mention : latin-langues vivantes et philosophie. Ensuite le jeune homme fit ses études à l'École de notariat de Nantes, jusqu'à la délivrance de son diplôme de notaire, en juillet 1910, je suis en mesure de le préciser. Il devait très naturellement succéder un jour à son père à la tête de l'étude, mais il y eut d'abord le service militaire à accomplir après cette période sursitaire : trois ans pendant lesquels il conquit son grade d'officier, très exactement maréchal des logis au 4e régiment d'artillerie à pied, si l'on en croit son certificat de bonne conduite du 11 septembre 1913, qui date de sa libération.

Le service l'avait amené à Paris, du moins à Saint-Cyr, selon une adresse fournie par sa carte de visite. Le jeune Granier, à vingt-cinq ans, semble avoir pris goût à la capitale et à ses divertissements ; il écrivait de la poésie, on le sait bien, mais il écrivait aussi de la musique. Albert-Paul jouait du piano, c'était selon la tradition familiale un bon pianiste, mais Françoise Granier m'a montré la partition d'une jolie *Marche nuptiale* pour orgue qu'il composa à l'âge de vingt et un ans pour le mariage d'un de ses amis. Or, à Paris, il y avait des concerts, sans doute plus fréquents qu'à Nantes ; il y avait également un groupe de poètes qui se réunissaient pour lire leurs œuvres. C'est à ces séances que faisait allusion l'auteur de la notice, Philippe Fauré-Fremiet, lorsqu'il écrivait : « Je me rappelle qu'un soir, en 1913, Paul Géraldy nous disait plusieurs de ses poèmes délicats. Après lui, Paul Granier prit la parole. Certes, ses vers étaient moins subtils, sa voix était plus rude » — j'ai envie de dire : encore heureux qu'il fût moins mièvre que le sirupeux auteur de *Toi et moi* !

Reste que cet aspect compositeur pianiste explique non seulement le poème *Musique*, mais toutes les notations musicales éparses, et surtout *Réminiscence*, composé « route de Chauvoncourt », dans la région de Verdun en 1915.

Pourquoi ce soir me hante
le majestueux andante
de la septième symphonie ?
Ses accords simples et magnifiques,
Comme des arcs de triomphe anciens,
m'envoûtent de leur charme vaste.

Bigre ! Ce n'était pas pour frimer sur son carnet qu'il écrivait ces choses. Je me demandais aussi comment, diable ! cet *andante* fameux, que j'ai découvert, moi, sur microsillon en 1970, l'année Beethoven, pouvait le hanter sur cette route-là ? À une époque où les disques n'existaient pratiquement pas ! Il fallait avoir assisté à beaucoup de concerts pour se souvenir de ces « accords magnifiques », le soir, au milieu de la tourmente, sous « la pluie au long du temps »... Ou alors — mais quel luxe intellectuel ! — il fallait être capable de lire et relire la partition. Mazette ! Ce n'était pas le premier petit notaire venu que ce Paul !

On l'appelait Paul, simplement. Pas Albert, le nom du père. Et ici je dois confesser que les fils du destin se resserrent de façon bien étrange autour de ma personne, d'une manière un peu inquiétante même. Paul, comme le personnage que j'ai imaginé (imaginé ?) dans la pièce de théâtre inédite que j'écrivis il y a trois ans, en 2005, dont l'action se passe immédiatement après la guerre, en 1919. Mon Paul, je l'ai créé musicien, pianiste amateur, et amateur de poésie. Il avait lui aussi publié un recueil de poèmes ; je l'ai fait, mon Paul fictif, lieutenant — dans l'infanterie il est vrai. Je l'ai fait disparaître sur le front de Champagne, éclaté par un obus, sans laisser de trace. Je me demande aujourd'hui si je l'ai vraiment créé, ou si Paul Granier a profité de ce frère improbable que j'ai nommé *L'Absent*, pour se glisser jusqu'à moi ?... Quel drôle de hasard !

Donc, c'est à Paris que la guerre le surprit, aux premiers jours d'août 1914. Cependant, à la fin de 1916, en décembre, le sous-lieutenant se porta volontaire pour une tâche qui incombait à l'artillerie, l'observation par avion des lignes ennemies, afin de guider le pointage des canons. Ce survol du front dans les coucous en toile de l'époque n'était pas sans danger, car ces engins constituaient des cibles idéales pour les canons allemands, un tir au pigeon de gros calibre. Bien qu'il ne soit pas facile de le déterminer avec certitude, je ne pense pas qu'il apprît à piloter lui-même : il est mentionné seulement comme « observateur », c'est-à-dire celui des deux occupants des biplans qui est assis à l'arrière du pilote, et qui renseigne les batteries au sol à l'aide de la télégraphie sans fil. Sa citation d'août 1917 à l'ordre du 32e corps d'armée indique clairement : « s'est distingué dans l'aviation comme observateur de première valeur ». Par ailleurs, la « notice de renseignements » du colonel à la suite de sa demande de décembre 1916 (qui lui attribue comme profession civile « étudiant ») stipule : « apte à recevoir l'instruction sur le fonctionnement des appareils de TSF ».

C'était dans tous les cas une aventure de monter vers les nuages — un changement radical de point de vue. Était-ce le danger plus tangible, plus imminent sans doute que dans une batterie lourde d'arrière-front qui décida Paul Granier à publier une partie de ses poèmes ? Les premiers de la guerre, probablement au début de l'été 17 ? Je le crois. Il choisit de publier ce que j'appellerai sa guerre au sol, parce que désormais l'expérience des airs lui faisait « tourner une page ».

Il profita vraisemblablement d'une permission à Paris pour porter son manuscrit chez l'imprimeur Jouve et Cie, au 15, rue Racine, dans le Quartier latin. Cela laisse supposer qu'il s'agissait d'une édition à compte d'auteur, comme en faisaient sans doute les « doux rêveurs, les chevaucheurs de chimères » du « club des poètes » de 1913... Malheureusement, il ne jouit pas longtemps de son petit volume bleu gris : quelques semaines plus tard, le 17 août 1917, « Paul Granier est mort en plein ciel, en plein vol, au nord du Bois Bourru, près de Verdun… Un obus est venu frapper de plein fouet son avion, éparpillant en irretrouvables débris les hommes et la machine ». Lisons : le pilote et l'observateur. L'avis du maire du Croisic envoyé à la famille le 18 octobre 1917 précise que c'était « à 10 heures ». Paul avait eu le temps, toutefois, d'envoyer *Les Coqs et les Vautours* à l'Académie française pour participer à un concours. Le secrétaire perpétuel lui en accusa réception le 12 décembre 1917 — seulement il était mort depuis quatre mois.

L'ouvrage fut tout de même couronné en 1918 — c'était audacieux de la part de l'Institut, car ce qui frappe le lecteur du recueil aujourd'hui c'est la modernité de cette écriture hors du temps, et surtout hors de l'esthétique souvent grandiloquente de l'époque. Cette poésie n'a pas d'âge, bien qu'elle paraisse influencée par Jules Laforgue et Émile Verhaeren. Cette étrange précocité d'une écriture presque sans rime, fondée sur la musicalité des mots — comme celle de Maria Krysinska, trente ans auparavant, la créatrice du vers libre, elle aussi compositeur et pianiste — fait évidemment penser à Guillaume Apollinaire. Mais en plus simple, sans la rhétorique littéraire mise en œuvre, je dirai sans les paillettes… Il y a toujours chez Kostrowitzky un arrière-fond de ballet russe, un souci d'extravagance. Guillaume use d'une préciosité agréable lorsqu'il parle de la guerre, une multiplicité de clins d'œil, aussi bien dans les *Lettres à Lou* que les *Lettres à Madeleine*, dans toute leur sincérité. Il pratique un peu ce qu'on appela ensuite « l'esthétique de l'horreur » — mais c'était une distance avantageuse pour les surréalistes qui régnèrent après sans partage sur la littérature moderne en France...

Paul Granier semble éloigné de ces préoccupations d'esthète lorsqu'il décrit et qu'il s'émeut ; il donne à voir, soutenu par la musique, le heurt des syllabes, comme dans *La Nuit* :

Par la grand'route osseuse et ridée
et rêche, et cassée et crevassée,
le convoi noir des canons lourds
se cahote, pesant et gourd
— entre-chocs d'acier et cliquetis d'armes —
éclaboussant de son vacarme
les échos somnolents aux étangs d'alentour.

J'imaginais bien que le sous-lieutenant volant ne s'était pas arrêté d'écrire en 1916, la date des derniers poèmes du recueil ; aussi je m'attendais à trouver des notations originales sur les carnets qu'il ne manqua pas de noircir à partir du moment où il monta dans les airs. Un précurseur de Saint-Exupéry, le premier poète aviateur de tous les temps, peut-être ! Paul est celui qui est monté au-dessus des nuages en vif, en chair et os, autrement que par le transport des hallucinogènes — le premier déchiffreur d'azur.

L'azur, palier divin des infinis splendides...

Je m'attendais à un choc. J'avais raison... Et j'avais tort.

En vérité le choc fut trop fort pour le poète, la surprise fut tellement intense qu'elle bloqua un moment la fine liberté de son invention poétique. Il retourna à des formes plus sages, à des rythmes connus, comme une manière de se protéger. Paul revint à la rime pour se rassurer, même si les sensations sont neuves :

La pluie autour de nous glisse sur l'air mouvant.
La pluie, insecte dur, picore nos visages
mord l'avion cabré comme un essaim de taons
et l'hélice fougueuse à tournoyer s'enrage.

Car nous avons ajouté au texte des *Coqs et les Vautours* du recueil initial un poème posthume contenu dans un « cahier rouge » que m'a montré Françoise Granier, avec des textes de sa main, inachevés du reste, où il avait laissé certaines lignes en blanc et en pointillé dans l'intention manifeste de revenir dessus, de les « travailler ».

Dans une série intitulée *Les Nuages*, Paul a des visions qui le ramènent curieusement à du classique dans le fantastique — j'allais dire à Jules Verne. Il voit des bêtes, des archétypes d'étrangeté. Le premier homme à observer les nuages d'en haut — ce qui dans l'imaginaire ancien était réservé à Dieu et à ses anges — est assailli par l'imagerie préhistorique de la peur : il a une vision de sculpteur de cathédrale.

Voici la carapace étrangement bossue
de crocodiles monstrueux, d'alligators
gigantesques, de caïmans aux membres tors ;
horrible entassement de bêtes confondues,
qui guettent, l'œil mi-clos, la lumière ingénue…

C'est beau aussi, mais je trouve ces images en légère régression par rapport à celles du plancher des vaches — les ombres des soldats qui figurent leur mort. Paul Granier, ce grand écrivain en devenir, n'a pas eu le temps de se rétablir, de digérer l'avion et ses splendeurs. Son ombre personnelle est venue trop vite lui couper la route — il serait incohérent sans doute de dire « couper l'herbe sous les pieds » à propos de quelqu'un qui s'est volatilisé en plein soleil d'août, pour la Saint-Hyacinthe, à 10 heures du matin des anciennes horloges — il serait midi aujourd'hui. Terrassé pour avoir eu l'audace de graviter plus haut que les nues. On pense à Icare... Mais on pense tout de même à Saint-Ex, qu'il a devancé à la fois sur le chemin des Muses et sur celui de l'envol définitif. Comme l'auteur du *Petit Prince*, Paul Granier n'a pas de sépulture, il est à jamais un séraphin de la poésie.

Claude Duneton.

Les Coqs et les Vautours

… Et puis, voici pour ceux des guerres,
les coqs cambrés et claironnants, et les vautours,
de haine lourds, avec leurs serres
teintes du sang des souvenirs…

1916.

Haïr

Ô vous, les doux rêveurs, mes frères,
les caressants charmeurs de songe,
vous, les chevaucheurs de chimères,
pacifiques héros dont l'âme s'éparpille
en frissons volatils, sur l'univers,
ô les adorateurs d'étoiles,
il nous faut laisser fuir la danse ensorcelante
des magiques envols de rêves chatoyants,
le calme exubérant des chambres bienveillantes,
la quiétude des reflets, dans les miroirs,
la caresse dorée de la lampe attentive,
— ô la douceur des soirs, sous l'abat-jour,
à faire luire et miroiter, dans le silence,
comme une femme qui regarde des bijoux,
les vers fluorescents dans l'écrin blanc des livres,
ô les nuits fébriles de Pensée ivre,
penchés sur des poèmes,
comme un orfèvre ciselant des pierreries.
Tout ! Il faut tout laisser derrière nous,

— ô nous, les butineurs d'Idées —
il faut tendre nos volontés,
vieux arcs depuis longtemps lassés,
et darder, darder la Haine !

Haïr ! Haïr ! mot dur à l'âme !
Haïr, il nous faut haïr !
Haïr jusqu'à l'enthousiasme !

1914.

Les Tambours

Le ronron sourd-roulant des tambours
s'approche avec un bruit d'orage
et de grêle rythmée aux ardoises des toits.
Le ronron s'avalanche et s'augmente toujours,
et s'étale et s'éploie en ondes cadencées,
comme d'un sang sonore circulant sur les routes,
sur les grand'routes en artères.

Le sang ? il court, il court
dans la cadence des tambours…
Il vient du cœur des gens de partout,
des gens des villes et de ceux des villages,
de ceux des plaines et des forêts
et des montagnes et des rivages…

Le ronron sourd-roulant son tonnerre d'orages
s'avance au coin du carrefour,

et les enfants jappants, en troupe éparpillée,
gambadent au-devant avec des cris de joie.

Les tambours, balancés sur les cuisses puissantes,
déroulent leur ronron en fracas de cyclone,
et cela tonne et vibre, et les poitrines sonnent
à l'unisson des caisses bruissantes :

et l'on entend, dans son cœur qui écoute,
au coin du carrefour,
le cœur de la Nation battre dans les tambours.

1914.

L'Exode

À Émile Verhaeren.

Par les chemins gluants qui viennent
du fond des plaines,
les gens s'en vont, comme des fous,
comme des fous qui seraient sages
les gens s'en vont vers n'importe où…

Dans de longs chars capitonnés de foin,
ils ont mis toutes leurs richesses :
leurs beaux habits du dimanche,
des matelas, des couvertures blanches,
la photographie des garçons
qui sont à la guerre,
et la couronne de mariée de la grand'mère
sous son globe
                    et ils s'en vont,
laissant le Christ à la cheminée

pour qu'il conjure avec ses bras de supplication
la fureur du pillage des brutes armées :

Un vieux cheval sculpté de misère,
que tient par la bride un enfant,
tire en soufflant la charrette légère,
et des femmes et un vieillard
suivent à pied, pour ne pas fatiguer
le pas lassé du vieux cheval cassé,
suivent le convoi comme le corbillard
de leur passé,
suivent, résignés, traînant les bestiaux
aux pieds aigus et aux yeux doux.

Les gens s'en vont, comme des gens
qui, longtemps, auraient été fous,
et qui ont, dans les yeux béants,
on ne sait quelles visions
de souvenirs ou d'espoir…

Les gens, de village en village,
taciturnes, creusés de faim,
s'en vont, traînant leur long voyage
jusqu'à crever sur les chemins,

avec, pour avenir, — sinon la mort, —
les champs incendiés et la ferme au pillage,
comme un bétail mort, enterrer leur haine,
et, les poings sur les yeux, pleurer à perdre haleine
assis sur un tas de cailloux…

Par les chemins gluants qui viennent
du fond des plaines,
les gens s'en vont, comme des fous…

Les Éparges, août 1914.

Dimanche

Les cloches tintent dans la pluie,
tintent et tintent timidement,
les cloches appellent lointainement
vers ceux, là-bas, qui sont partis
dans le brouillard des infinis…

La petite église, triste et grise,
grande, à peine comme une chapelle,
la petite église,
agenouillée parmi ses morts,
timide et plaintive, appelle
ceux qui veulent la consoler.

Les soldats, descendus par grappes
des granges et des greniers,
— manteaux boueux, visages hâves —
montent en flot

vers le petit enclos
où l'église veille ses morts.

La petite église s'étonne
d'avoir tant de fidèles encor,
la petite église est contente,
et ses vitraux, sous le soleil soudain,
éparpillés d'azur et d'or,
sourient parmi la pluie en larmes
comme un visage ému.

Entre les murs crépis de chaux,
qu'orne en de naïfs tableaux,
un très ancien chemin de croix,
les soldats se sont serrés
et pressés en rangs uniformes,
et, de toutes leurs voix jeunes et vibrantes,
ils chantent des cantiques et des psaumes
d'autrefois.

La vieille église est contente :
Jamais elle n'a eu tant de fidèles,
et jamais son clocher frêle
n'a retenti d'un pareil chœur.

Les âmes des soldats, éparses sous la voûte,
vibrent dans les versets, chacune et toutes,
les âmes sont dardées en un faisceau resplendissant
vers l'ostensoir enrayonné.

La petite église est contente,
et, sous la pluie ronronnante,
maintenant, les cloches chantent…

Septembre 1914.

La Rafale

En rafale d'acier, les longs obus gloutons,
fracassant le ciel clair d'un formidable orage,
se sont rués férocement sur le village,
comme un vol d'aigles sur un troupeau de moutons.

Et, lorsque la fumée, en pesants tourbillons,
s'est effacée au long des calmes pâturages,
le doux village, au bord de la rivière sage,
n'était plus que ruine et désolation.

Mais, au milieu des morts des ans passés, l'église,
debout, comme un cheval moribond, agonise,
et son âme, saignant aux blessures des pierres,

pleure aux abat-sons morts du clocher chancelant
de ne pouvoir sonner, ce soir, pieusement,
le glas du doux village au bord de la rivière.

1914.

Chanson de Guerre

La mort, soûle et joyeuse, danse,
et gambille et se déhanche,
la mort muette se trémousse,
et joue et jongle avec des crânes,
comme avec des osselets.

La mort est contente et très soûle,
car là-bas, le sang rouge coule,
en ruisseaux lourds, dans les ravins.

Le tam-tam des canons lointains
accompagne sa danse étrange :
« Tam-tam ! tam-tam ! la Dame Blanche,
» dansez au son des tambourins ! »

La mort se soûle et s'éclabousse
et s'ensanglante la frimousse,
comme un enfant qui a mangé des confitures.

La Mort patouille dans le sang,
y frappe avec ses longues mains,
comme pour laver son suaire,
s'y vautre et ricane en silence.

La mort rouge gigote et danse
comme une fille ivre de vin.

« Eh ! la Mort ! Sautez en cadence
» au tam-tam des canons lointains !... »

— Tam-tam !
                    les canons assassins
précipitent leur rythme preste,
les canons rigolent entre eux,
les canons hâtent leur orchestre,
et l'excitent au bal joyeux :
« Tournez sur vos minces talons,
» Décarcassez vos sveltes hanches,

» Valsez ! virez ! la Dame Blanche !
» Dansez ! sautez ! gesticulez !
» Voici du sang, voici du sang !
» — et en voici pour un moment ! —
» Hé ! buvez ! titubez, roulez !
» c'est l'orgie rouge qui commence ! »

La mort, follement soûle, danse
au tam-tam des canons lointains.

1914.

Le Fort

À la mémoire du petit fort de Troyon.

Le fort, crépu de crêtes en étages,
de mamelons épais, lourd-caparaçonné,
se tasse et s'aplatit dans les herbages,
se tasse et s'aplatit, comme un dogue inquiet.

Le fort, ramassé sur lui-même,
comme un fauve aux aguets,
s'écrase au bord des étangs blêmes.

Le fort, avec ses tourelles trapues
comme des globes de gros yeux,
scrute aux confins des étendues,
scrute l'espace des avenirs…
et, sur son dos,
les canons noirs braquent leur gueule,
les grands canons cyclopéens

fixent immuablement, là-bas…
où ?… là-bas, on ne sait où…
fixent quelqu'un qu'on ne voit pas,
— mais qui sourdra peut-être un jour, à l'horizon
illuminé d'un crépuscule d'incendies,
et surgira, puant le meurtre et la tuerie,
avec ses poings gonflés de foudres,
quelqu'un viendra, de par-delà
les poteaux clairs des frontières,
avec toute une meute de tonnerres,
quelqu'un viendra d'on ne sait où…

Et, ce jour-là, dans ses artères
de souterrains, de galeries et de couloirs,
des hommes courront, comme du sang,
du sang vivant, du sang vibrant,
et, par les puits humides et noirs,
ils plongeront jusqu'aux enfers
pour y prendre à la source des volcans et des laves
de la graine de mort close en des œufs de fer.

L'Étranger lui dira : « Tais-toi !
» ne grogne pas, ce n'est pas la peine !
» nous sommes mille contre toi !
» Laisse-moi passer et tais ta haine !
» Nous sommes cent mille contre toi !

Et le fort, hérissé sous la terrible averse,
grinçant les mille dents des grilles et des herses,
grondant comme un bon chien de garde,
mordra l'air tout à coup, par les gueules hagardes
de cent pièces soudain démuselées,
et lancera par l'espace au-delà des vallées
leur semence de mort — ô les mères ! — de mort.

Et, bientôt, le farouche fort,
labouré de fer lourd en horribles entailles,
sa voix d'acier soudain cassée par la mitraille,
et hoquetant quelques éclairs encor,
saignera, par les brèches de ses murailles,
héroïque, son sang d'hommes,
soudain coagulé en caillots de cadavres,
saignera tout son beau sang fier dans la campagne.

Le fort, couvant la mort dans ses sous-sols profonds,
le fort, tapi dans les acacias,
sous sa fourrure de frondaisons,
guette là-bas, aux horizons,
guette quelqu'un qu'on ne voit pas...

1914.

Bivouac

Ils sont là dix, en rond, autour du feu qui danse,
— Spectateurs silencieux et inlassés —
et ils regardent tous le feux cabriolant
qui cherche à les amuser.

Le feu se trémousse et s'élance
et se roule, comme s'il luttait avec lui-même ;
le feu gambade et se démène
et se désarticule, en clown habile
vêtu de moire incarnadine,
et grimace et rit pour les distraire,
jongle avec des étincelles,
et invente sans fin des gestes difficiles,
puis, soudain, change son jeu.

Le feu pirouette et grimpe sur les bûches
comme un coq sur un fumier.

Le feu cause et jase, en un langage léger
et bizarre, que chacun écoute.
Il dit les soirs d'hiver, les longues veillées,
pendant que le vent dur s'écorche aux toitures,
il dit la bonne chaleur douce, au coin de l'âtre
grand comme un théâtre,
et les récits des longs voyages vers les îles,
que raconte toujours le grand-père,
et les histoires merveilleuses
qu'à mi-voix conte la grand'mère
aux tout petits dont les yeux s'écarquillent ;
il dit le bon vieux chien, méditatif et doux,
accroupi devant la flambée,
et le chat ronronnant, pelotonné sur des genoux ;
il dit l'espoir du retour — un jour —
et les chansons joyeuses de victoire,
et les chansons à boire
autour de la table en fête,

et le feu parle d'amour…

. . . .

Les hommes, en rond,
tendent leurs mains vers la flamme,
pour y saisir les rêves tournoyants

nés aux clairs miroirs de leurs âmes,
mais le feu danse et virevolte,
et rigole, et recommence ses singeries…

… les songes sont partis dans la fumée…

Novembre 1914.

La Troupe

Masse homogène et ondulante,
monstre multiplement mobile,
la troupe rampe sur la route,
intense de volonté puissante,
la troupe s'avance, longue et lente,
vers les horizons des déroutes,
où la mort en costume de chasse
range son tableau de la journée.

Sur la route, lente et longue,
la troupe glisse vers le soleil,
éclaboussante de reflets vermeils,
et d'un cliquetis d'écailles.

Les hommes vont,
avec l'Idée ardente au front
et la Volonté dure aux angles des mâchoires ;
les hommes,

mâchant leur haine farouche,
marchent vers l'horizon, pour aller voir
si la mort implacable est apaisée enfin…

Et, derrière eux, comme un bon chien,
l'ombre rampe, l'ombre sombre
— impalpable et acharnée —
derrière chacun d'eux,
l'ombre molle et souple se démène
à mouvements silencieux
comme les chats dans les venelles.

L'ombre sournoise, pas à pas,
glisse et flue au ras du sol,
pour que l'homme ne la voie pas
en regardant par-dessus son épaule :

S'il s'assied, elle se roule en boule,
s'il se couche, elle se glisse sous son corps,
toujours là, guetteuse et patiente,
attendant l'ordre de la Mort
pour, tout à coup, saisir l'Homme,
et le ronger voracement jusqu'à l'atome,
puis, lentement, l'éparpiller
dans le désert de l'Espace…

La troupe, volontaire et tenace,
suit son chemin,
la troupe lente et ondulante,
va, pas à pas, vers son Destin,
et sait bien les ombres derrière elle,
— mouvantes, attentives et louches —
mais ne s'en occupe pas.

La troupe
suit son chemin, calme et farouche,
suit son Idée radieuse ;
la troupe marche, insoucieuse
de toutes les ombres, derrière elle,
comme un horde de loups.

Ho ! les hommes ! garde à vous !
La mort a découplé sa meute
d'ombres les plus féroces !
La Mort a lâché sa meute légendaire
des guerres !
Ho ! les hommes ! garde à vous !

1914.

Les Mortiers

Cahin-caha, brinquebalant
des seaux de fer et des chaînes pesantes,
la caravane lourd-tonnante
traîne, sur la grand'route ardente,
dans un fracas tonitruant.

Tendus d'effort, les chevaux las
hochent la tête, d'un air de doute,
comme s'ils songeaient que jamais
ils ne termineraient la route…

Les roues larges, comme des meules,
meulent le sol qui crépite.

Et les gens étonnés des villes et des villages
contemplent, au coin des rues et des chemins,

le cortège pesant de la mort qui voyage,
les affûts accroupis, bandés, velus d'écrous,
et, muets et noirs, menaçants et sauvages,
sur leur chariot à quatre attelages,
les canons muselés, liés comme des fous.

1914.

La Nuit

Par la grand'route osseuse et ridée,
et rêche, et cassée et crevassée,
le convoi noir des canons lourds
se cahote, pesant et gourd
— entre-chocs d'aciers et cliquetis d'armes —
éclaboussant de son vacarme
les échos somnolents aux étangs d'alentour.

Parmi la nuit, le vent distraitement sifflote ;

derrière les chariots des lanternes falotes,
qu'un homme porte à la main,
se balancent et font danser sur le chemin
l'ombre des hautes roues que le silex écorche.

Soudain un cavalier, tourné sur ses arçons,
s'est écrié : « La Ville ! »
au détour de la route
deux becs de gaz, troubles de doute,
ont tressailli comme un espoir :

les éperons dardés s'agrippent aux flancs tièdes,
et les chevaux lassés tendent leurs muscles raides
qui fument dans l'air froid du soir :

« La Ville ! »
Au loin papillonnants,
les deux becs de gaz nous guettent,
et, agitant au vent du soir leur rouge aigrette,
se demandent curieusement
quel convoi monstrueux traîne, par la nuit sourde,
si lentement, au long des routes…

Les lourds chariots en procession
commencent leur fracas d'avalanche
entre les petites maisons blanches,
les enclos vides et les murs :
parfois, sous l'effort, un cheval glisse,

et les pavés sonnent et fléchissent
au choc sonore des sabots durs.

Il est tard et les fenêtres sont closes,
et les lampes sont éteintes, et tout repose,
et les becs de gaz curieux,
seuls, regardent, silencieux,
se béquiller la formidable caravane.

Mais, sur une petite place déserte,
toutes seules, des persiennes sont ouvertes,
toutes seules, comme quelqu'un qui rêverait…
et l'on voit, au plafond baigné de clarté,
s'estomper l'or en auréole
d'une lampe, sous sa coupole
de cristal nuancé…

Ô l'atmosphère sereine et délicate
que crée ce dôme de cristal,
ô, dans le silence prodigue d'idéal,
écouter chuchoter la lampe babillarde,
si tendre et douce comme une amie,
ô être là, rêvant, sur la ville endormie,
à je ne sais quoi de vague et d'inconnu,
et regarder tournoyer ses chimères

dans le halo de la lumière
si caressante dans le soir ténu…

Mais la caravane s'en est allée,
vers son but terrible affreusement hypnotisée,
piétinant le silence à grand fracas d'acier,
sans nullement se soucier
de la petite lampe toute seule sur la place déserte
et qui, sous sa coupole verte,
berçait tendrement une rêverie,

et par la grand'route osseuse et ridée,
et rêche, et cassée et crevassée,
le convoi noir des canons lourds
a continué, pesant et gourd,
dans la nuit, son farouche pèlerinage,
éclaboussant de son tapage
les échos endormis aux étangs d'alentour.

1915.

Obsession

Les canons s'en vont sur la route
laminée de roues écrasantes,
les canons s'en vont vers l'aube dissoute
dans la nuit, comme du sang dans l'eau dormante.

Exode fantastique d'acier !
Les machines à tuer s'en vont sur la route,
une à une, et semblables toutes,
comme une ménagerie d'apocalypse
errant vers l'Arche de l'Enfer,
errant d'horizon en horizon,
et surgissant soudain à la lisière des vallons
bétonnés de massive obscurité,
et s'en allant, crépitante de sons
vers des aubes problématiques…

. . . .

Obsession de ces voyages
interminables, dans la nuit ;

Obsession de cauchemar
de ces cortèges indéfinis,
semblant traîner dans de lourds chariots
des blocs de nuit, pour murer l'Aube,
ou quelque chose de sinistre
comme des corps condamnés.

Intense obsession de ce cheminement
obstiné, par des chemins inquiétants,
peuplés aux fossés mous d'ombres inexplicables,
accroupies dans l'Ombre absolue
et vociférant le silence…

Aiguë et obsédante obsession
de cette mouvance acharnée,
avec, parfois, la Peur soudaine
de sentir tout à coup s'évaporer
— comme le cheval de Lénore —
entre mes jambes, mon cheval silencieux,
et s'évanouir dans l'aurore
le farouche convoi des machines d'acier…

Ô ardente et lancinante,
l'hallucinante obsession…

Sept. 1914

La Bataille

Depuis le petit jour,
lovés dans la rosée ils hurlent tour à tour,
par l'espace inquiet toussant leur rauque haleine.

Par l'espace inquiet ils hurlent à la mort.

Rejetant leur col noir, comme un serpent qui mord,
ils vomissent la haine à pleine bouche,
et nous, les attisant dans leur ardeur farouche,
écoutons l'air crisser dans les gueules d'acier.

L'écho percute au loin parmi les brumes
et tonne et roule et gronde en tonnerre géant,
et l'on dirait que des Titans, à coups d'enclume,
heurtent la porte de bronze du ciel.

Mais, de lointains indécis,
vague, la voix des canons ennemis,
mauvaise, beugle aussi sa haine par l'Infini,
et les obus pesants chuintent sur nos têtes,

depuis le petit jour,
et la nuit s'accumule au loin, lourde et sournoise.

Là-bas, aux horizons teintés d'ardoise,
où s'échelonne l'écho sonore,
les obus éclatants piquent des météores
dans la pénombre du soir.

Soudain la voix grave et farouche au loin s'est tue,
et, seuls, nos grands canons
s'époumonent, chassant dans la nuit drue
les canons ennemis au fond des horizons,
lents, boitillant ainsi que des crapauds blessés,

et, orgueilleux et lassés,
ils clament leur victoire aux quatre coins de l'Étendue,
piaffant dans leur triomphe échevelé,
car la voix formidable aux horizons s'est tue,
et, seul, l'écho répond comme un tambour voilé.

Alors, quand plus rien n’est resté
sur qui cracher les obus lourds de haine et d’épouvante,
ils ont repris haleine dans la nuit ;

mais, seul, et me glissant parmi les tentes,
dans le silence revenu,
de ma main tendre et caressante
— et si chétive —
j’ai flatté les grands canons las…

Souilly. 1914.

Le Cheval

C'était un grand cheval de guerre,
c'était un beau cheval au poil doré.

Jadis, la tête haute, et sa crinière
au vent, souple comme une bannière,
cambré, il inspectait les horizons,
pointant ses oreilles fauves,
et, lorsqu'au fracas des fanfares
et des canons,
il chargeait dans le tumulte,
détendant ses jarrets en catapulte,
ses naseaux contractés humaient la victoire,
et son hennissement, comme un coup de trompette,
— farouche, — disait sa joie vers les conquêtes.

Mais les jours aux jours se succédèrent,
la fatigue mordit sa chair,

déchira ses muscles superbes,
et, un jour, son cavalier las
enleva la bride et la selle,
et, l'ayant caressé une dernière fois,
l'abandonna sur la route,
et s'en fut, sans se retourner…

Le grand cheval, la tête lasse,
l'œil terne, les oreilles molles,
est là, tout seul, au bord du chemin,
au milieu des avoines folles,
sans même la force de songer
aux combats rouges de naguère,
est là, tout seul, inerte et mou,
comme un mort qui serait debout,

C'était un grand cheval de guerre…

1914.

Nocturne

La nuit calme adoucit l'espace désolé.

Les projecteurs, étirant leur long bras livide,
palpent l'espace vague, énumèrent le vide,
détaillent l'Étendue à gestes calculés.

Par les ravins crépus, d'horreur échevelés,
où les obus aigus mordent à crocs avides,
des cadavres blêmis crispent leurs poings rigides
sur le Néant obscur près d'eux agenouillé.

Les blessés anxieux arc-boutent leur pensée
vers les là-bas brumeux des choses effacées ;

des bourgs incendiés braisillent dans la nuit,

et, benoîte, avec un sourire endolori,
la lune, bonne sœur éternellement pâle,
endimanche les morts d'un suaire d'opale.

1914.

L'Hallali

Dans la forêt d'humide automne où le son tremble,
comme une goutte claire à la pointe des branches,
dans la forêt blondissante
et tout embaumée de silence,
je suis allé tout seul, ce matin de septembre,
par les halliers pleins de frissons de soie,
pour y boire le calme et la sérénité,
pour m'y griser de solitude,
et emplir — pour combien de temps ? —
mon âme, ma béatitude.

Parmi les fûts cambrant leurs branches étagées,
j'ai cherché, hélas, j'ai cherché,
écartant doucement les feuilles
comme un enfant qui voit un nid,
j'ai cherché quelque nymphe endormie
en l'or de ses cheveux légers ;
mais les temps sont lassés des légendes heureuses,

les soleils sont cassés des temps qui ne sont plus,
et je n'ai rencontré sous un orme touffu
qu'une petite violette en la mousse soyeuse,
toute frêle, égarée du printemps révolu.

Le silence était trouble comme une âme qui ment,
le silence souffrait comme une eau sous la pluie,
le silence pleurait les chasses abolies…

Les cors, de calme emmitouflés, les cors lointains,
les cors, les cors qu'octobre amène
avec les cloches tristes de la Toussaint
et les bouquets d'humides chrysanthèmes,
les cors ne sonnent plus en longs échos languides
par les sentiers moussus de la forêt humide,
les cors s'en sont allés, les cors sont morts,
et les échos atténués des cloches lasses
bourdonnent en essaims sous les rameaux roussis.

Soudain, les branches ont frémi ;
les canons long-gueulés ont clamé leur fanfare
dure, comme un tambour qu'on crèverait.

C'est l'hallali, c'est l'hallali de cet automne,
c'est l'hallali, c'est l'hallali des hommes
que les canons catapultants trombonnent,
l'un après l'un, dans le calme du soir,
lançant leur trajectoire en tentacule
par-dessus la forêt, avec l'obus comme un suçoir,
buveur inassouvi d'existences lointaines…

Quelque temps, les échos des horizons jonglèrent
avec des morceaux d'ouragan,
puis, s'en lassèrent,
et le calme revint dans la forêt
songeuse des chasses légendaires,
un calme étrange et désolé,
une quiétude mensongère
de nécropole ou de désert…

C'est l'hallali, c'est l'hallali de cet automne !…

Verdun. Bois des Fosses. 1914.

Le Retour

Les canons noirs, dans la nuit brune,
s'en vont, très lourds, très lents, très las,
très lentement, au petit pas
des six chevaux empanachés de lune.

Les canons noirs s'en vont, très lourdement,
vers leur formidable repaire,
très lourdement et un peu titubants,
— tant ils se sont gavés de poudre, —
très lentement, en file, sur la route,
très lourdement…

Les roues, de chêne dur, grincent et sifflent
comme des serpents en colère,
les roues miaulent de haine, et du désir
de se cabrer et de bondir
encor, là-bas, dans les clairières.

Les chevaux ont soif, les hommes ont faim,
les grands canons noirs sont saouls de leur gloire,
ils s'en vont, dans la nuit, cuver leur victoire,
immobiles, alignés, jusqu'au lendemain...

Ils ont, depuis l'aurore jusqu'au soir,
distendant vers le ciel leur encolure lisse,
avalanché d'acier la brume inextricable
crevé la forêt d'or de leur boutoir,
engueulé l'horizon d'insultes formidables.
Ils ont cassé, haché, tué toute une armée,
les murs se sont écroulés, les routes labourées,
les canons étrangers aux rouages baroques,
— mécanismes subtils — sont brisés, renversés
sur des cadavres en loques,

le vent d'acier qu'ils ont soufflé
a fauché la moisson de la mort souveraine.

Les chevaux contractant leurs muscles bourrelés
soufflent et rayent le sol obscur d'étincelles.

Les six canons s'en vont comme à regret,
les six canons s'en vont dans la nuit noire
très las, mais fiers de leur victoire,
voluptueux d'orgueil, de force et de triomphe,
comme des rois orientaux, divinisés
par la Mort, dans leur ombre éternelle et fatale ;

et, par moment, on voit germer,
sous les pieds des chevaux, un sillage d'étoiles…

Verdun. 1914.

L'Incendie

Un obus est tombé dans la grange,
avec un fracas formidable,
comme l'écroulement de séculaires espérances,

et le feu a surgi de l'obus, comme un diable
hors de sa boîte minuscule.

Par la grand'porte à claire-voie,
je vois le feu sourdre sournoisement
dans la paille et le foin des récoltes dernières,
puis, avec des murmures de joie,
danser en flammèches claires
une sarabande légère…

Le feu sait que tout est pour lui dans la maison,
aussi explore-t-il pas à pas son nouveau domaine,
grimpe aux poutres et aux chevrons,

puis se laisse glisser du haut des tas de foin
comme font les enfants pendant la fenaison.

Le feu gambade et siffle de joie,
ondule, flue, et se déploie,
et casse les vitres des fenêtres
pour regarder un peu dehors :
Le feu veloute de cramoisi
les vieilles poutres vermoulues,
crève les sacs dont le blé ruisselle
en cascade d'or et de rubis,
et pousse à travers les tuiles du toit
en chevelure escarbouclée.

Le feu regarde par la haute claire-voie
de la porte, et caresse les barreaux de bois
qu'il enlumine d'écarlate.

Le feu s'en donne à cœur joie ;
nul ne vient plus troubler ses jeux
et l'agacer de la pointe des jets,
sous lesquels il rageait
comme un fauve sous la cravache.
Le feu danse à grands cris dans la grange embrasée.

Puis, quand il s'est lassé
de cascader par les étages,
— cambrioleur tranquille, — il escalade
le toit oblique dont il casse les tuiles,
et, comme un enfant coléreux,
à qui, soudain, son jeu
devient hostile,
casse la porte qui se désarticule,
défonce le toit qui s'engloutit,
et saute sur la maison voisine.

Curieusement, par les lucarnes
il regarde et passe ses longs bras en tentacules,
et, tout à coup, a le désir aigu
d'y fureter et d'y jouer encore,
et d'y danser à perdre haleine,
comme un ivrogne dans un cabaret…

Le feu, beau comme un monstre,
que nul ne peut caresser,
tourne et tourne dans le village,
comme un tigre dans sa cage…

Keur-la-Grande. 1914.

Le Clocher

Le vieux clocher, enlinceulé de lourd brouillard,
le vieux clocher, catafalqué de solitude,
pleure silencieusement dans le désert du soir
la voix des cloches qui se sont tues…

Les angélus de l'an passé sont égarés
depuis longtemps, dans les clairières de la forêt.

Le vieux clocher gris, dans la brume grise,
est là, sur le village incendié,
implorant, dans l'espace délabré,
l'écho des angélus, dissous parmi la brise…

C'est la Toussaint, c'est la Toussaint,
c'est aujourd'hui la fête des morts ;
le vieux clocher voudrait encor

dire à ces morts qu'on se souvient,
et caresser les chrysanthèmes du cimetière,
de l'aile douce des *miserere*,
le vieux clocher est là, navré
comme un muet qui voudrait parler,
et pleure silencieusement sur son silence,
et pleure sur les toits crevés d'obus,
béants comme des crânes en démence…

Le vieux clocher se désespère obscurément
de son atroce solitude,
et rêve que, peut-être, dans un instant,
l'obus fatal, déchirant la charpente,
sonneur terrible, va venir,
dans l'écroulement fou des cloches bondissantes,
sonner la fête du souvenir,
pour tous ceux qui sont morts dans le village,
depuis le temps qu'on ne sait pas…

Le vieux clocher invoque le canon,
appelle au loin l'obus sauvage
qui sonnera le glas des derniers glas.

Les cloches ?…
Peut-être aussi sont-elles envolées,
en invisible chevauchée,
comme à l'orée du beau printemps,
et, après leur long silence,
leur voix chantera en carillon
l'hymne de la Délivrance,
la magnifique Résurrection…

Et le petit village, comme quelqu'un
qui a été près de trépasser,
joyeux, écoutera battre son cœur soudain
dans les cloches du vieux clocher.

Toussaint 1914.

Les Bêtes

Par les villages pitoyables,
par les hameaux incendiés,
les chiens, les pauvres chiens perdus,
taciturnes, errant parmi les trous d'obus,
cherchent le seuil de leur maison,
cherchent, dans les plâtras épars
et les toitures effondrées,
et flairent avec incertitude
en enjambant les poutres calcinées.

Les pauvres chiens implorent les soldats
de leurs bons yeux naïfs et doux :
« Dis-moi, disent-ils, dis-moi
» où est le maître aux gestes rudes,
» la maîtresse bienveillante,
» et les petits enfants qui jouaient avec moi ? »
et leurs bons yeux de topaze
interrogent, naïfs et doux…

Les pauvres chiens, silencieux comme des ombres,
errent dans les villages en décombres,
comme des souvenirs dans des cerveaux de fous.

1915.

La Cathédrale

Ô les canons ! vieux camarades,
vieux dormeurs soudain réveillés
du long sommeil des casemates,
ancêtres noirs musclés d'acier,
vieux guerriers lourds aux gueules rondes,
dégustateurs de poudre blonde,
mangeurs d'acier, fumeurs de flammes,
ô fiers chanteurs aux larges voix,
dites le bel épithalame
de l'homme blême et de la mort !
Chantez ! chantez ! chantez encor !
que l'écho répète en tonnerre,
au creux des nuages vibrants,
l'immense chœur funéraire,
la formidable marche nuptiale
enciergée de rouges éclairs.

Grondez, clamez, tonnez, vieux braves !
massacrez, anéantissez !
ils ont assassiné la Cathédrale !
ils ont cassé les hauts portails,
cassé les gestes légendaires
des saints, debout dans les verrières,
et le symbolique vitrail
— violet d'ombre, or de lumière —
irradiant en ostensoir
sa prodigieuse rosace
sur le monde extasié !

Ils ont crevé les hauts voussoirs,
ils ont cassé les colonnades
des clochetons avides d'espace,
lacéré la dentelle de pierre,
tué le silence endormi
depuis toujours
sous les ogives solennelles…
. . . .

Ô mes canons ! mes vieux amis !
par à travers les longues plaines
clamez l'universel chagrin !
La Cathédrale surhumaine

agonise, hurlez à la mort,
comme les chiens perdus dans la lune,
criez ! hurlez ! Toujours plus fort !
hurlez-leur, gueulez-leur ma haine !
Vengez les saints des hauts vitraux,
dont les doux gestes de lumière
absolvaient depuis des siècles,
vengez les anges qui n'ont plus d'ailes
et les gargouilles de plomb gris
dissoutes parmi l'incendie !

Ils ont assassiné la Cathédrale !

Ô mes canons, mes bons canons,
ma pauvre voix frêle s'éraille !
criez pour moi, criez pour moi
vos plus gigantesques injures,
vociférez vos anathèmes,
criez vengeance ! Ho ! vengeance !
et je vous donnerai la belle poudre blanche
et l'acier lourd tout votre soûl !
piaffez comme des chevaux fous !
crachez-leur de la haine en avalanche !
Hurlez ! Hurlez ! jusqu'à mourir !
et hurlez votre dernier râle !

ô mes canons, mes bons amis !
ils ont tué le souvenir !
ils ont assassiné la Cathédrale !

1914.

Musique

La neige duvetait l'espace comme un songe…

Au carrefour, la fontaine était figée…

Et, alors que je passais
près de la source immobile,
glissèrent sur mon âme blanche,
fluides dans la neige papillonnante,
des accords légers et délicats,
comme des échos d'harmonica,
des accords aériens,
comme des murmures de séraphins,
comme des violes miraculeuses d'anges.

Au coin du carrefour, dans une grange,
un homme
appuyait doucement sa joue au violon

et caressait les cordes chantantes
des crins tendus de l'archet blanc.

C'était une musique merveilleuse,
délicieusement svelte et gracieuse,
avec des doubles cordes et des arpèges,
et qui s'évaporait, parmi la neige,
— la neige blanche et mate —
en un miroitement de moire en arc-en-ciel :
la musique m'emmitouflait de songerie,
m'auréolait de sortilège,
m'épanouissait dans l'irréel,
comme si je voyais quelque fée
qui, avec de belles mains de neige,
aurait jonglé avec des perles,
des cristaux et des pierreries,
ou comme si quelqu'un avait capturé
un poisson fabuleux, mordoré de nacre,
dont les écailles chatoyantes
et irisées comme des prismes
se fussent éparpillées, impondérables
en éclaboussement diamantaire…

Le canon, là-bas,
a défoncé le soir profond
avec un bruit de cataclysme,

comme si des cyclones
avaient heurté en route des typhons…

La neige, lente et persuasive,
apaisa de douceur dormante
le bondissement dur des échos affolés,
et la musique merveilleuse
reprit son frêle échafaudement de reflets,
sa trame d'impalpable vertige,
comme une fontaine lumineuse,
si fragile, sur le cristal mobile de sa tige…

Et je demeurai là, sous la neige silencieuse,
comme un enfant
qui écoute un conte de Noël.

Rupt-devant-Saint-Mihiel. 1914.

Projecteurs

À longs coups d'œil bleus, les projecteurs,
méthodiques et froids tâtent les nuages,
les projecteurs
tournent leur mufle bleu, moustachu de clarté,
et, d'un regard sans cillement,
poursuivent quelque chose d'invisible,
et font des signes aux planètes.

Les projecteurs prolongent dans l'éther
leur astrale sérénité,
les projecteurs semblent chercher quelque comète
égarée hors de son orbite
et qui s'affole dans le vide…

Le trou phosphorescent qu'ils font dans les nuées
ressemble au chemin bleu qui suivent les anges
pour venir chercher les âmes dans la vallée,
tel qu'on le voit dans les fresques anciennes.

Les projecteurs regardent désespérément
au zénith, et dilatent leur prunelle ronde,
et cherchent sans fin dans le noir…

Les projecteurs fous s'épouvantent,
crèvent la nuit comme un miroir,
et s'enlisent dans l'Étendue…

1915.

Les Volontaires

Sur la route bardée de gel, que les chevaux
griffent de leurs crampons tenaces,
le chariot s'éloigne, lent et lourd,
bourgeonné de soldats et hirsute de gestes,
le chariot s'en va, on ne sait où,
au pas,
on ne sait où, pour faire on ne sait quoi,

et s'ébouriffe de cris et de rires.

Le chariot, effervescent d'intensité,
gonfle en volutes ses voix multiples,
et s'éloigne, échevelé de sons,
comme un train qu'empanache la fumée.

Les voix tourbillonnent et se posent
sur ceux qui restent, au bord de la route,
les voix s'effacent, comme la vapeur rose
sur les bruits attroupés au bord des quais,
dans les petites gares de campagne
où les trains ne font pas de bruit...

Le chariot, scintillant de l'éclair des métaux,
fourmillant d'énergie et d'espoir,
va, tranquillement, vers les victoires
ou les débâcles des déroutes,
au pas dur de ses huit chevaux.

Janvier 1915.

Le Ballon

Le ballon gris descend sur l'horizon des bois,
le ballon descend, comme un astre néfaste
qui a fini sa parabole courbe,
et qui s'enlise dans la mer.

Le ballon gris, chargé de regards fourbes,
plonge insensiblement dans la forêt.

Et les bouleaux blancs qui m'abritent
— pauvres tiges sacrifiées en pleine force —
les bouleaux nés sur le sol de France,
liés et jetés là comme des fagots
avec des chênes et des charmes,
les bouleaux blancs hérissent leur légère écorce,
comme des chiens qui sont en colère…

Observatoire de … 1915.

Crépuscule

La nuit ouate de mystère la vallée
où flotte étrangement le fleuve endolori
— pâle lambeau de ciel meurtri,
arraché tout à coup par les obus rageurs
et tombé lentement des espaces
dans la fosse de la vallée.

Un long morceau de ciel crépusculaire gît
dans la vallée,
moribond et veillé par les peupliers gris
en rang comme des moines ;
et, lentement prieuses, les étoiles
— très pâles, dans l'ensanglantement du crépuscule —
palpitant leurs longs yeux humides de douceur,
pleurent le ciel cassé par les obus rageurs,
pleurent le ciel tué qu'ensevelit la brume.

Observatoire de … Sur la Meuse. 1915.

Nocturne

Les canons se sont tus, bâillonnés de brouillard,
dans la nuit de l'hiver qui abolit l'espace,
et un calme, plein de menace
comme un cri de hibou sur des remparts,
flotte au cœur multiple du silence.

Les sentinelles, à l'affût,
tendent leurs muscles dans l'attente
énervante de l'inconnu.

Avec un bruit de linge humide,
quelques fusils, dans la vallée,
à coups sourds claquent soudain,
incertains d'ombres devinées
et de frôlements dans le vide…

Et l’on dirait, ce soir,
comme dans les nuits légendaires
de Bretagne, que d’infernales lavandières,
agenouillées au bord d’invisibles lavoirs,
dans le fleuve épais battent des suaires…

Observatoire de … Sur la Meuse. 1915.

Réminiscence

La pluie s'effile au long du temps,
la pluie bêche la boue au long du jour maussade,
la pluie sanglote longuement en accords mous,
et le vent chuchoteur effrite les nuages…

Pourquoi, ce soir, me hante
le majestueux andante
de la septième symphonie ?
Ses accords simples et magnifiques,
comme des arcs de triomphe anciens,
m'envoûtent de leur charme vaste.

Son harmonie ronronne à mon âme,
veloute son glissement souple
de mélancolique promenade
sur la berge d'un canal.

Il pleut sans fin…

La boue serpente en longs ruisseaux d'agate
et d'onyx nuageux, que mon cheval
crève à longs coups de ses sabots aigus,

Il pleut sans fin au long du jour bleuâtre.

L'andante doux apaise ma rancœur
de sa sérénité divine…

Ô les dimanches de l'autre année,
les dimanches après-midi,
c'était, dans la clarté des lampes,
l'orchestre immense, unanimant son âme
à la pointe des archets légers.
Le fluide miraculeux
s'éparpillait vers les balcons
et neigeait sur les âmes à nu,
comme un reflet de vitrail au printemps
sur un voile de communiante.

L'andante,
l'andante est doux et triste un peu
comme un soir d'automne sur les étangs ;
il est céleste comme un chant d'orgue,
et mon âme chrysalide
se tisse un cocon merveilleux
de sa béatitude endolorie,

sur la trame de soie violette de la pluie.

Route de Chauvoncourt. 1915.

Automne

Les horizons s'en vont à la dérive
en longs cortèges irisés,
les horizons s'en vont, parmi les brumes et les brises
grises,
souples et flous, à la dérive…

L'automne, somnolent entre les peupliers
qui lui font une escorte,
passe, silencieux, sur l'eau du lent canal
comme un prince des villes mortes
— Thèbes, Memphis, Antinoë —
qui s'en irait en pèlerinage
sur sa galère cadencée,
avec de belles esclaves et des étoffes rares.

L'automne emporte ses trésors
de lumière sur l'eau sereine ;

l'automne émigre lentement,
comme ces gens de l'an passé
qui s'en allaient par les plaines,
avec tout leur avoir dans une voiture d'enfant.

C'est que l'hiver en invasion,
l'hiver approche ;
le ciel, qui a lutté à coups d'orages,
se résigne, et s'en va silencieusement ;

et les grands peupliers, comme à la Fête-Dieu
font les petites filles en robes blanches,
agitent doucement leurs branches,
et jettent leurs feuilles d'or.

Troyon. 1915.

Spleen

Ce soir, j'ai l'âme doucement inclinée ;
mon âme est vaporeuse et fine,
et obliquement grise, comme une bruine,
à cause d'un livre que j'ai lu,
un livre tendre et doucement triste,
où l'on parle d'amour…

… d'amour…

Mon âme est doucement inclinée,
comme le coteau qui s'infléchit sur la plaine
et où dévalent les sapinières ;
et les impressions me sont souples et légères
comme des bulles de savon sur de la laine,
qui roulent et agitent des couleurs magiques.
. . . .

Mon cœur est comme un chat sauvage

qui se méfie et qui a peur ;
mon cœur a des griffes mauvaises et des dents,
mais a peur des avenirs, a peur
des avenirs parmi les villes bouillonnantes,
des avenirs civilisés...

Mon cœur sauvage a peur et frémit,
qui ne sait plus parler d'amour,
qui ne sait plus se caresser très doucement
au cœur des femmes ;
mon cœur, mon cœur sauvage,
qui est celle qui viendra l'apprivoiser ?...

Dans la forêt. Mai 1915.

Le Feu

Le feu, dans la cheminée,
fait le bruit souple et flou
des oriflammes
et des pennons bleus des processions,
sur les quais des ports de pêche
quand on va bénir la mer.

Le feu, très doux,
fait craquer les branches sèches,
et les fait s'affaisser avec un bruit soyeux
de jupe que l'on froisse ou de pas dans la neige.

Les flammes,
attachées aux sarments,
se tendent vers la lumière
— comme des âmes —
vers la lumière si lointaine

en haut de la cheminée,
et s'effilent vers la clarté
comme des algues dans le courant...

Chattancourt. 1916.

Nocturne

Dans la nuit fourbe et fourmillante de mystères,
dans la nuit moite et spongieuse,
d'innombrables et vagues présences s'avèrent
farouches et silencieuses.

Dans la forêt, de formidables énergies
guettent derrière chaque buisson,
guettent, attentives et tenaces
comme des esprits nocturnes.

Dans les lointains du ciel, de longs spectres surgissent,
et s'y promènent, lents et flous ;
d'immenses feux follets s'allument tout à coup ;
et, déchirant soudain le calme des clairières,
on entend, comme pour un sabbat de sorcières,
aboyer les canons comme des loups-garous…

Dans la forêt. Avril 1915.

Chanson à la Lune

Lune m'amie, hé ! la lune,
Hâtez-vous de sortir de là !
L'attaque est pour ce soir, pour tout de suite !
— Pourquoi êtes-vous là, derrière le bois ?
Pourquoi êtes-vous là, dans les lignes ?
Est-ce qu'ils vous ont faite prisonnière,
et, comme un gros dracken, vous tiennent en laisse
avec un homme pour pendentif ?

Lune, lune, m'amie jolie,
dépêchez-vous de sortir de là !
— Nous autres, ceux de la tranchée,
nous vous aimons, vous le savez bien,
et nous aurions tant de chagrin
si les canons vous faisaient mal !

— La lune rit au sommet des branches,
la lune se moque, et les fusées blanches
se jonglent autour de son blanc visage
comme un essaim de lucioles.

— Ô, notre amie, tous les Pierrots
vous supplient de vous dépêcher,
tous les Pierrots sont angoissés,
vous êtes là, dans les trajectoires,
à rire on ne sait pas pourquoi !

Le Général a dit : « C'est pour deux heures ! »
— et, à deux heures, la danse commencera !
— Ô lune, lune entêtée,
lune narquoise et ricanante,
vous vous moquez ! vous serez contente
quand vous aurez un trois cent quarante
au beau milieu de la figure !

— Bon sang ! c'est l'heure ! les voilà,
tous les obus, ils vont vers vous,
tous les obus, ils sont des myriades !

ils vont, ils vont comme des fous,
comme une meute de chiens sauvages…
ô lune, lune, ma douce amie,
grâce pour votre blanc profil !

Bon Dieu ! la lune, tout à coup
votre tête est rouge ! — Ah ! bon sang !
c'est un obus de quatre cents
qui vous a cognée au passage !
— Ô pauvre lune, pauvre lune,
resterez-vous défigurée ?
— que de chagrin dans la tranchée !
au moins, bandez votre blessure
avec un bout de nuage !

Lune, lune, pauvre lune !
ô tous les Pierrots que nous sommes,
tous les Pierrots de la tranchée,
ô lune, lune au fin profil,
comme les Pierrots vont pleurer !

Attaque de Vermandovillers. Août 1916.

L'Attaque

Au capitaine Grillet.

« Allons, derrière l'épaulement,
» vous autres, qu'est-ce que vous faites là ?

» — Mon capitaine, mon capitaine,
» c'est le printemps qui arrive :
» les oiseaux courent dans les branches,
» — mais les oiseaux de cette année
» sont rapides et invisibles,
» et vrombissent comme des ailes d'abeille !

» Mon capitaine, mon capitaine
» pourquoi ne vous abritez-vous pas ?

» Quel tintamarre !
Ah ! les salauds !

» ils ont crevé ma gourde qui était pleine !
» — Et leur gaz donne tant soif !
» — Tant pis ! Je mangerai de la neige,
» celle qui restera blanche entre les trous
» et qui ne sera pas empoisonnée… »

L'acier pioche la terre blanche
et la retourne à coups de fumée ;
la terre fuse en artifices dans les branches,
et retombe, toute noire, sur la neige
avec des racines gesticulantes.

Les soirs d'orage dans la ville,
avec de larges gouttes d'eau sur les marquises,
de larges gouttes d'eau sonore,
les soirs de tempête sur la mer,
les lames hautes sur les falaises
sont ce soir de haine en acier,
ce soir farouche comme un cauchemar.

L'acier grinche dans l'air qui bout,
et le cannelle comme une colonne sonore
dont l'éclatement est le chapiteau.
L'acier ne cesse pas son piochement féroce
et les éclats forcenés
hérissent la chair des arbres.

L'air est grenu d'explosions,
puis lisse du vol frais des obus autrichiens
qui est comme une caresse musicale,
une caresse de fifre et de hautbois
qu'accompagne en pizzicato de contrebasse
le tir lointain des gros mortiers :
le soixante-quinze trompette, et les cent vingt
rythment l'orchestre de leurs timbales.

« Bim ! Bem ! — mon capitaine,
» nous n'allons pas en mesure,
» Bim ! Bem ! la danse s'aiguise :
» qui donc danse sur ce thème ?
» La Mort ?...

» Bim ! Bem ! timbalier fou,
» ne frappe pas si fort tes peaux,
» timbalier, tu joues très faux !
» — Accorde-toi un peu, tourne tes clefs !
» — Voici le *la* que le tonnerre va te donner !

» Bim ! Bem ! — le timbalier est fou !

» Quoi ? nous sommes toujours isolés
» car aucun coureur n'est rentré,
» et nul ne sait ce qui se passe là
» où jacassent des mitrailleuses ?

» — Bon. Au revoir, mon capitaine.
» — Tu veux venir avec moi, toi, petit ?
» — c'est bien, merci.
Alors ; en route !

» Bim ! Bem ! quelle belle symphonie
» — c'est de Dukas ou de d'Indy ?
» — Mais, décidément, l'orchestre est fou :
» Personne ne va en mesure
» et la timbale n'est pas d'accord !

» Bim ! Bem ! l'orchestre est fou !
» c'est la mort qui tient la baguette. »

Verdun. (Bois des Fosses. Bois d'Hardaumont.)
21-24 février 1916.

Le Ravin

Au fond du grand ravin, hérissé de cailloux,
où la vapeur du lourd poison traîne et s'accroche,
le canon formidable, avec un bruit de cloche,
a roulé pesamment, comme un mort dans son trou.

Brisant leurs traits les six chevaux, comme des fous,
se sont enfuis parmi les éboulis de roches,
où l'écho des éclatements tonne, ricoche,
et déferle dans un vacarme de remous…

Et le grand canon noir, dans l'ombre du ravin,
gît, tout seul, renversé, béant, crispant en vain
ses larges roues, aux rais puissants, vers les tonnerres,

impassible sous la mitraille qui le mord,
immobile et muet, comme un grand aigle mort,
vers l'ennemi vainqueur dardant encor ses serres.

Ravin de Beaumont. Bois des Fosses.
22 février 1916.

La Fièvre

— Mon cœur, mon cœur, pourquoi courir ?
où précipites-tu ta chevauchée,
Vers où m'emportes-tu, vers où
ton galop dur de cheval fou
traîne-t-il ma vie échevelée ?...

Mon cœur s'en va par les nuages,
par les plaines et les montagnes,
et le beau Pécopin sur son genêt d'Espagne
filait moins vite à travers la durée,
que moi et mon cœur emballé,
sans bride et sans mors comme un étalon sauvage.

— Où cours-tu, mon cœur, où m'emmènes-tu ?
—Vers les hôpitaux blancs dans des jardins tranquilles,
des pas de femmes chuchotent au parquet nu,
et, dans le soir tombant, les carillons paisibles

égrènent vaguement de calmes angélus ;
vers les hôpitaux blancs où l'on meurt doucement
avec de blanches mains de femme à son front pâle,
et des paroles d'or, et des mots consolants…

— Non ! mon cœur, mon cœur déchaîné !
— Que l'on m'amène mon cheval !

J'aime mieux le tocsin farouche des canons
qui clochent dans le soir la chute des tonnerres,
et je préfère, au pas feutré des infirmières,
le vrombissement dur des lourds éclats d'acier
en invisible vol au-dessus de nos têtes !

Ô mon cœur, mourir là, près des canons cabrés,
dans le triomphe fou de l'immense Épopée,
Mourir là, couché dans la boue ensanglantée,
Oh, du ciel plein les yeux, des astres plein le cœur,
mourir là, caressé par la lune câline,
avec un grand morceau d'acier dans la poitrine !

1916.

La Guerre

Holà ! les gars ! Holà ! les gens de mer,
la guerre est dure comme une tempête,
la guerre est farouche et meurtrière,
comme l'Océan, par les nuits d'équinoxe
où les vaisseaux perdus hurlent sur les écueils,
la guerre, soudain calme et dormante,
la guerre folle, sauvage et féroce,
la guerre est belle, dites, les gars,
la guerre est belle comme la mer !...

La tranchée est une vague pétrifiée,
une vague attentive et silencieuse,
bouillonnante et débordante de force,
— la vôtre, ô les gars ! —
la tranchée est une lame de fond,
qui déferle soudain, hérissée, écumante de fumée,
en ouragan de puissance sonore.

Les balles font le bruit des embruns miauleurs,
dans le vent affolé, les torpilles ailées
se balancent et plongent tout à coup,
comme des goélands parmi l'écume.

Et, là-bas, les obus invisibles,
cataractants et foudroyants,
se heurtant aux blockhaus d'acier
âpres et durs comme des brisants,
fleurissent en gerbes soudaines,
en hauts bouquets sifflants et fumants,
comme si un fabuleux raz de marée
donnait du front sur la falaise.

Et, par-dessus, le ronflement des trajectoires
comme le cri unanime de la mer.

1916.

Les Nuages

(Stratus)

L'hélice folle troue immensément les brumes,
et soudain l'avion, splendide et triomphal,
émerge puissamment comme un plongeur brutal
de la mer violette où flottent des écumes.

Il monte intense et de désir hypnotisé,
hurle sa joie aux quatre coins de l'étendue,
étire au bout des mâts la voilure goulue
qui s'enfle et mange l'air avec avidité.

Les nuages sont là, paisibles, allongés
dans les courants du ciel, comme les grandes algues
qui s'effilent et ondulent au gré des vagues
dans la glauque épaisseur des flots inapaisés.

Les voici ; l'avion se glisse entre leurs masses
sans troubler de son cri leur sommeil nonchalant.

Voici, telles qu'au bord des plages madécasses
bombant leur rouge écaille au soleil éclatant,
et paresseusement flottantes, les tortues.

Voici la carapace étrangement bossue
de crocodiles monstrueux, d'alligators
gigantesques, de caïmans aux membres tors ;
horrible entassement de bêtes confondues,
qui guettent, l'œil mi-clos, la lumière ingénue
pour happer la splendeur de son visage d'or
et la broyer soudain dans leurs mâchoires sombres.

Voici des pieuvres aux tentacules sans nombre
et dont le ventre horrible est plein d'encre ; voici
d'immobiles serpents qui digèrent de l'ombre,
et des fauves couchés qui mâchent de la nuit.

Et voici, déchirés de la poupe à l'étrave,
des paquebots perdus, formidables épaves
qui dérivent au gré d'imperturbables flots.

Dans les sabords crevés la lumière se noie,
la voilure géante échevelle en lambeaux
la toile sombre de l'étrave à l'étambot
et sur leurs flancs moussus sommeillent des lamproies.

Enfin c'est, écrasant l'horizon nébuleux,
surgis d'on ne sait quelle immense nécropole,
un étrange troupeau de monstres fabuleux.
Voici les stryges, les basilics pustuleux,
les centaures pesants, les hypogriffes bleus,
et, blanches dans ce chaos sombre, les licornes.
Voici les hydres, les méduses, les gorgones,
les sirènes dont les baisers furent mortels,
les tarasques, les salamandres, les chimères,
les dragons japonais horribles et cruels,
et les sphynges dont le mutisme est éternel.

Table

Achevé d'imprimer
par l'Imprimerie Floch à Mayenne
en octobre 2008.
Dépôt légal : octobre 2008.
Numéro d'éditeur : 82.
Numéro d'imprimeur : 72287.

ISBN 978-2-84990-109-0 / Imprimé en France.